中华中医昆仑

巴黑·玉素甫学术评传

张镜源◎主编

中国盲文出版社

图书在版编目（CIP）数据

巴黑·玉素甫学术评传（大字版）/ 张镜源主编. —北京：中国盲文出版社，2015.12

（中华中医昆仑）

ISBN 978-7-5002-6831-4

Ⅰ. ①巴…　Ⅱ. ①张…　Ⅲ. ①巴黑·玉素甫（1934～2014）—评传　Ⅳ. ①K826.2

中国版本图书馆 CIP 数据核字（2015）第 308554 号

巴黑·玉素甫学术评传

主　　编：张镜源
责任编辑：黄巧莉
出版发行：中国盲文出版社
社　　址：北京市西城区太平街甲 6 号
邮政编码：100050
印　　刷：北京华联印刷有限公司
经　　销：新华书店
开　　本：700×1000　1/16
字　　数：42 千字
印　　张：6.75
版　　次：2015 年 12 月第 1 版　2015 年 12 月第 1 次印刷
书　　号：ISBN 978-7-5002-6831-4/K·438
定　　价：12.00 元
销售服务热线：（010）83190297　83190289　83190292

丛书编委会

前　言

中医药是中华民族的伟大创造，是世界医学宝库中的夺目瑰宝，数千年来为中华民族的繁衍昌盛作出了巨大的不可磨灭的贡献，至今仍是中国医药卫生事业不可分割的重要组成部分，在维护民族体魄康健、促进经济社会发展中发挥着不可替代的作用。

中医药学，是中华传统文化和科技文明的结晶，是勤劳聪慧的中华儿女在几千年生产生活实践中，在与疾病作斗争的过程中，创造的独具特色的医学科学体系。它有着浓郁的民族特色、深厚的文化底蕴和丰富的哲学内涵。经过一代又一代中医药传人、一辈又一辈名医大家的实践探索、薪火传承、总结完善、创新发展，逐步形成了系统的理论体系、独特的诊疗方法、丰富的医学内容、实用的制药技术。具有疗效确切、用药安全、应诊灵活、普适简廉和预防保健作用显著的巨大优势，在世界医学之林独树一帜，为人类的文明进步与医疗保健事业，已经并正在作出积极的贡献。

为了弘扬中华民族传统文化，彰显中医药学家的丰功伟绩，当代中医药发展研究中心与中国文学艺术界联合会、国家中医药管理局新闻办公室、中华中医药学会、中国中医科学院、北京中医药大学、世界中医药学会联合会等精诚合作，在国家中医药管理局的支持和指导下，为中华近现代百年来贡献卓著、深受敬仰的150位中医药学家，编撰出版了这部大型传记丛书。丛书采用评传体裁，记载他们的生平事迹、医术专长、学术思想、传承教育、医风医德、养生之道和突出贡献，使这些宝贵的医学成就和精神财富发扬光大，千古流芳。

丛书取名《中华中医昆仑》。昆仑山，被尊为“万山之祖”，柱西北而瞰东南，立中国而凭世界，凌驾乾坤，巍然屹立。以其高峻豪迈、绵延起伏的磅礴气势，寓意中华中医药学历史悠久、博大精深和永不衰竭；以其挺拔雄伟、高耸入云的恢弘气魄，彪炳一代中医药学家的丰功伟绩、杰出贡献和不朽勋业。

丛书入选传主，从全国范围推荐遴选，遍及中医药界各个领域。有临床家、理论家、药学家、教育家、医史文献学家；有名师亲授、世医家教、学派传人、院校毕业和自学成才者；有师徒并驾、父子齐名和伉俪联袂者。他们学术造诣深厚、诊疗技术精湛、临床经验丰富、学科地位崇高、科研成果丰硕、医风医德高尚、国内外影响较大，从医学理论到临床实践，为中医药事业的传承和发展作出了突出贡献，是近现代百年来中华中医药界的杰出代表。

丛书的出版，对于弘扬中华文化，振兴中医药事业，造就中医药人才，普及中医药知识，具有重要的现实意义和深远的历史意义。这是一项开创性工作，填补了我国为著名中医药学家大规模撰写传记的空白；也是一项抢救性工作，因入选传主已仙逝过半，许多亲历、亲见、亲闻的史料日见散逸，将之收集整理、编撰成书，功垂后世、利国利民；更是一项承前启后的工作，总结传主经验，传承中医药伟业，继往开来，光耀世界医学之林。这部医文结合，富蕴历史性、学术性、文学性和实用性的鸿篇巨制，对医疗、卫生、科研、教育及全球关注中华中医药文化的各界人士，都有重要的参考和阅读价值。

丛书的编撰出版，是一项巨大的中医药文

化建设工程，在策划、撰写、编辑、出版过程中，自始至终得到了国家有关领导、政府部门及社会各界人士的关心和支持。国家中医药管理局高度重视，并组织专家对全书进行终审；数百名专家、学者亲临指导，参与规划；有关省、市、自治区卫生厅、局、中医局（处）给予大力帮助；传主及其亲属、弟子热情支持、密切配合；撰稿人深情满怀、辛勤笔耕；编审专家尽心竭力、精工细琢；关爱中医药事业的企业家热心公益、慷慨资助；全体工作人员不辞辛劳、无私奉献，这一切使丛书得以顺利出版。对此，我们深表谢意。

由于时间紧迫和资料搜集困难，加之水平有限，难免有疏误之处，敬请广大读者批评指正。

中华中医药学，历史悠久，源远流长，发端于远古，奔向于未来。百年对于历史，不过是短暂的瞬间；百人对于万众，不过是沧海一粟。然本丛书所记载的百年百人，则无疑是波澜壮阔的中医药发展史上辉煌的篇章和光芒闪烁的璀璨星辰。

张镜源

目录

从民间走来的“大医生” / 07
痴迷于古老的维吾尔医学 / 19
五十年探寻心血管病致病病因 / 30
自成体系的异常黑胆质诊疗理论 / 38
系统整理了维医治疗高血压病的理论 / 47
骆驼蓬子治胃病有功效 / 53
支气管哮喘治疗的重大突破 / 59
挖掘丰富维药宝库 / 69
维医外治疗法的开拓者 / 74
德高望重　行医为民 / 81

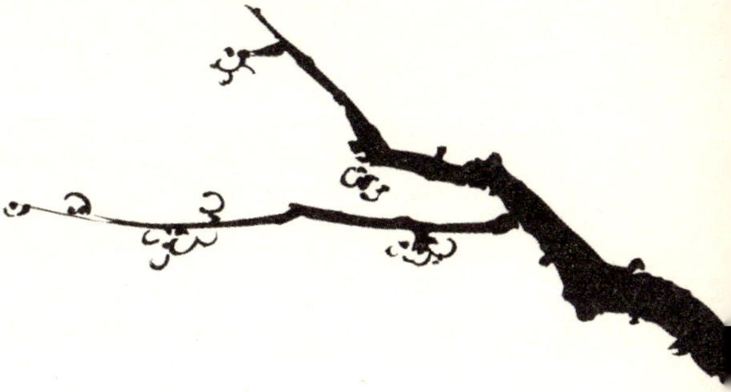

如果把掌握维吾尔医学的精髓比作攀登巍峨的博格达峰，而我也只是站在前人的肩膀，奋力地向上攀登。在引领维吾尔医学发扬光大的征途中，我像天山的雄鹰，不知疲倦、不知停歇。当眼前浮现出一张张由痛苦转为微笑的面庞，我五十多年的付出，都成为了快乐的回忆。

——巴黑·玉素甫

巴黑·玉素甫，1934 年出生，维吾尔族，著名的维吾尔医学家。其一生平淡而又传奇。他从未进过正规的医学院校接受系统的维吾尔医学培训，但却成了国内屈指可数的当代名老维吾尔医学家。他是维吾尔民族心中的“神医”，是站在当今维吾尔医学峰峦上的医学大家。

巴黑·玉素甫长期致力于维吾尔医临床医学，在继承、挖掘、整理维吾尔医药，弘扬传统维吾尔医学方面，作出了卓越贡献。特别是在挖掘和整理维吾尔医古代文献、民间古方、验方等方面，填补了维吾尔医药宝库的诸多空白。

巴黑·玉素甫根据自己50多年的刻苦学习求索及行医临床经验，融会贯通，主持编写了《维吾尔医病历标准》、《维吾尔医药的临床分析》、《维吾尔医内科学》等重要维吾尔医学著作，并在省部级和国家级的医药刊物以及学术会议上，发表学术论文20多篇。

2008年，巴黑·玉素甫任组长，主持了“十一五”国家科技攻关计划课题“一名老维医巴黑·玉素甫治疗异常黑胆质病，临床治疗经验总结及相关问题的现代研究”。在这一课题中，他提供了自己从事维吾尔医临床实践中积累的异常黑胆质性疾病使用的成熟剂、清除剂配方，以及治疗疑难杂症的临床经验和学术见解。

巴黑·玉素甫通过系统总结自己的学术思想、诊疗特色，结合现代研究，进行了广泛的临床实践和理论创新，为弘扬维吾尔医学迈出了坚实的一步。

巴黑·玉素甫还结合自己丰富的医学实践，主持编写了《维吾尔医药学》等教材，为维吾尔医疗、教学、科研各项工作的规划和科学水平的提高作出了重要贡献，并在实践中不断研究完善，完成了维吾尔医学与现代医学契合的巨大改革。

巴黑·玉素甫多次参加国际国内维吾尔医学会议，参与编写了《维吾尔医药及其他传统医药研究与应用》一书，并参加《中华人民共和国卫生部药品标准》一书的编辑工作，主持编写了《维吾尔医药分册》。

巴黑·玉素甫运用维吾尔医学独特的基础理论，根据体液的自然变化状态和个体“气质”的变化，对疑难杂症，如慢性支气管哮喘、糖尿病等，进行分型、分析和诊治。提出了许多新的见解和理论，撰写了十多篇学术论文，得到了维吾尔医学界同仁的认可，他的诸多学术成果在当代维医中得到广泛应用。

从民间走来的“大医生”

1934年，巴黑·玉素甫出生于新疆维吾尔自治区和田地区洛浦县一个世世代代靠维吾尔医术谋生的普通人家。十多岁时，他跟随祖父和父亲学习维吾尔医学。巴黑·玉素甫说：“我嗅到人间的第一缕气息，就是浓浓的草药味。”

幼年，在巴黑·玉素甫的记忆里，祖父和父亲经常会在街边摆个摊儿，摆上一些自家配制的草药，为来来往往的人把脉治病，有时也有乡亲们到家里找祖父和父亲看病。

儿时的巴黑·玉素甫对祖父和父亲的工作充满了好奇，他看到来家里求医问药的老乡，来时总是痛苦的表情，经祖父的按摩，父亲的几包草药，就能减轻痛苦，脸上露出笑容。

围在祖父和父亲身边，巴黑·玉素甫总是不经意地抓起草药看一看，闻一闻，他的心中充满了疑问，为什么家中葡萄架上的马奶子葡萄、地里种的恰马菇（一种蔬菜），甚至烤肉用的孜然（一种佐料）、篱笆上的玫瑰花，都可以成为治病的良药呢？他幼小的心灵被好奇心驱使着，但也有一个清晰的想法，那就是：做祖父和父亲那样的人，可以给别人减轻痛苦。

父亲忙不过来时，巴黑·玉素甫会帮大人碾草药，给生病的乡亲们送药。乖巧的巴黑·玉素甫被乡亲夸赞为“懂事的好巴郎”。

巴黑·玉素甫从小就是一个用心的孩子，帮大人的次数多了，渐渐地也记住了越来越多的草药名字，学会了越来越多的配药方法。

有时候，巴黑·玉素甫会问父亲，为什么要这样或是那样配药方？小巴黑强烈的求知欲，让父亲非常欣慰。在他 11 岁那年，父亲决定将家中祖传的维吾尔医术传给他。

父亲传授巴黑·玉素甫医术最直接的方法，就是让他尽可能地参与，只要有乡亲们来家中求医问药，父亲总是先听巴黑·玉素甫的诊断想法，并不断地告诉巴黑·玉素甫，一定要细致准确，医生的诊断结果，决定着病人痛苦时间的长短，千万不能大意。

有了父亲手把手地传授，巴黑·玉素甫进步得很快，他集中精力跟随父亲学习维吾尔临床医学，很快掌握了家族传承下来的维吾尔医学技艺。更为重要的是，随着年龄的增长，他开始对父辈的医术创造性地大胆实践，并不断创新突破，为他日后成为名医打下了坚实的基础。

巴黑·玉素甫回忆跟随父亲学医的那段岁月，感慨地说："父亲在治病和传授维吾尔医药知识的过程中，给我印象最深的是他对于药材的选用。父亲选取的药材很寻常，家里的菜地、房前屋后的葡萄、石榴、桑树等都是父亲的药材库，甚至胡椒、孜然等一些司空见惯的厨房佐料，也是父亲上等的药材。另外，父亲问诊时的严谨态度，也影响了我的职业生涯，耐心、细致、一丝不苟成为我从父亲那里得到的除临床经验以外的最宝贵的财富。”

巴黑·玉素甫说：“我所有的医学知识都来源于父亲，我从新疆维吾尔自治区的最南边和田洛浦县走出来，在医学的道路上我比父亲走得更远，这缘于父亲曾在我幼小的心灵里种下了‘善良’的种子，当这颗种子枝繁叶茂的时候，它已经成为我积累的丰富的医学经验。”

20世纪50年代初期，已小有名气的巴黑·玉素甫常常跟随父亲，在和田、喀什、克州、阿克苏地区巡诊，父子俩走过的地方，都留下了很好的口碑。乡亲们的认可，让巴黑·玉素甫觉得很有成就感，并给了他坚持下去的信心和动力。

尽管巴黑·玉素甫在新疆维吾尔自治区许多地方已经被老百姓熟知和认可，但是他年轻的心总是充满了对外面世界的渴望。1960 年，巴黑·玉素甫 26 岁的时候，终于说服家人，和父亲背着简单的行李出发了，他们要到距离家乡近 2000 公里（千米）外的乌鲁木齐，去看看“外面的世界”。

如今 77 岁的巴黑·玉素甫回忆起这一段生活，眼睛里依然充满着活力，他总是会语调缓慢地细细体味年轻时的难忘岁月。他说，50 年前离开家乡的那一刻，尽管前途渺茫，但心里想，只要能到外面走一走看一看，即使没有什么结果，也不后悔。

20 世纪 60 年代的新疆维吾尔自治区，交通非常不方便，和田到乌鲁木齐近 2000 公里（千米）的路程，没有火车，四面透风的汽车，一周也只发一次，人坐在车上，五脏六腑几乎都被颠得挪了位。

巴黑·玉素甫和父亲没有太多的路费，一路上，边给人看病，边解决食宿，经过一个月的长途跋涉，终于来到他们心目中的大城市——乌鲁木齐。巴黑·玉素甫和父亲租了一个小门面开始行医，主治胃病和皮肤病。起初，这一对从南疆来的“江湖医生”并不被大城市的居民看好，父子俩一商量，要换个法子，先治病后收钱，治不好不要钱。这一招儿还真灵，胃病和皮肤病的治疗是巴黑·玉素甫家祖传的医术，屡试不爽，很快父子俩的小诊所就挤满了前来就诊的人。有时候，如果前来看病的人着实困难，即使病看好了，父子俩也不收钱。很快，一传十，十传百，善良而且有“两下子”的父子俩，逐渐得到了周边群众的认可和接纳。

巴黑·玉素甫和父亲的小诊所逐渐在当地维吾尔族居民中流传开来，巴黑·玉素甫在大城市行医的梦想开始一步步实现。两年后，巴黑·玉素甫索性把自己的妻子和孩子也从和田接到了乌鲁木齐，准备在大城市里扎下根，做一名城市医生。

正当父子俩的行医事业越来越顺利的时候，“十年动乱”开始了，巴黑·玉素甫一家人被迫搬到了距离乌鲁木齐四十公里远的南山牧场。南山牧场的牧民90％是哈萨克族，巴黑·玉素甫一家挤在一顶哈萨克毡房里，开始了牧区生活。巴黑·玉素甫和其他的牧民一样，靠放牧维持生活。牧民们并不知道自己身边有一位优秀的维吾尔医生。

一次，巴黑·玉素甫与一位哈萨克牧民一起在天山牧场放牧，忽然发现这位哈萨克牧民表情痛苦，满脸是汗，捂着腹部蹲在地上。凭借他的行医经验，简单询问后，巴黑·玉素甫意识到，这位哈萨克牧民可能是胃肠道痉挛引起的腹部疼痛。巴黑·玉素甫用传统的按摩手法，很快帮这位哈萨克兄弟缓解了疼痛。

与哈萨克牧民相处久了，有了兄弟般的情

义，看到牧民兄弟们有病痛，巴黑·玉素甫不由自主地拾起了老本行。有几个牧民兄弟得了牛皮癣，他就用祖传下来的方法，给病人拔罐、放血，指导调养，很多牧民的牛皮癣都得到了缓解或治愈。

很快，“巴黑·玉素甫会治病”的消息不胫而走，在牧民的恳求下，巴黑·玉素甫又重新开始了治病救人的行医生涯。后来，牧场就安排他到卫生所担任医生。

20 世纪 60 年代的牧场卫生所，只有八个人，看病不分科，巴黑·玉素甫主治胃病和皮肤病，有时还要担当起妇科医生的责任。巴黑·玉素甫开玩笑说，幸好我的人品牧民们都信得过，不然的话，他们是绝不会允许男大夫给他们的媳妇看病的。

更让巴黑·玉素甫没想到的是，他竟然成为了南山牧场卫生所第一个为产妇接生的男大夫。一次，牧区的一位妇女临盆，赶巧儿，平常接生的女大夫进城去买药了。一边是痛苦不堪的产妇，一边是产妇家人期待的目光，巴黑·玉素甫决定自己为产妇接生。作为医生，治病救人是天职，其他的就不想那么多了。巴黑·玉素甫紧张得几乎可以听到自己的心跳声，直到听到婴儿响亮的哭声，才长长松了一口气。有了第一例，就有第二例，巴黑·玉素甫就这样成为了南山牧场第一个为产妇接生的男大夫。巴黑·玉素甫说："关键是各族牧民兄弟们信任我，把我当成了他们的亲人。"

在乌鲁木齐南山牧场，每逢春秋两季牧民们就要转场，特别是春季，牧民们要赶着羊群进到天山深处的牧场放牧。每当这个时候，巴黑·玉素甫一年当中最忙碌的季节就开始了，由于牧民们放牧点比较分散，巴黑·玉素甫就骑上马，背上草药进山巡诊。

天山深处，松林茂密，对于世世代代在平原长大、以农耕为生的巴黑·玉素甫来说，学会骑马，并准确辨别方向，成为了在哈萨克牧区行医的必修课，即使非常认真地向牧民们讨教，迷路也是常有的事。在山里，最危险的莫过于下暴雨，雨水裹挟着泥浆倾泻而下，经常会发生连人带马摔下山去的危险。特别是深夜出诊，巴黑·玉素甫的妻子总是提心吊胆，整夜无法合眼，直到他平安归来。

巴黑·玉素甫高尚的医德和精湛的医术逐渐被周边各族牧民所认可，找他看病的人特别多，尤其是老年人。他不在诊所时，就到家里来找。当他进城或出去巡诊时，有的病人宁可躺在他家里等他回来……有时面条下到锅里，或饭碗刚端到嘴边，更或者寒冬腊月下雪的深夜，突然来了急诊病人的家属，他什么也不说，穿上衣服，背上药箱就走。遇到抢救病人，他一忙就是一夜，在病人没有脱离危险之前，他决不会离开。频繁出诊，却从不收钱。他没有休息日和节假日，大部分时间都用在了病人身上。有的农牧民前来就诊，身上只有几元钱，他就免除检查费，而垫付药资则是常有的事情。

巴黑·玉素甫在乌鲁木齐南山牧场一待就是 15 年，与哈萨克兄弟结下了深厚的友谊。他了解牧民们的生活饮食习惯，喜肉食的传统，导致山里的牧民高血脂、高血压病患者较多。巴黑·玉素甫开始认真研究牧民的生活习性与疾病之间的必然联系。在后来长达 30 年的行医生涯中，巴黑·玉素甫针对牧民们的常见病，研究出一整套行之有效的治疗方法。

即使在巴黑·玉素甫已离开南山牧场 30 年后的今天，他在乌鲁木齐的家，还经常会有素不相识的南山牧民找上门来问诊。来访的哈萨克牧民经常会自我介绍说，是自己的父亲某某让自己来找巴黑大夫看病的。每当这时，巴黑·玉素甫总是热情地邀请哈萨克牧民进屋，认真地为牧民看病，开处方。而遇到生活困难的牧民，巴黑·玉素甫还会塞一些钱到牧民手里。

上门来的牧民并不知道，巴黑·玉素甫作为新疆维吾尔医医院的资深专家，每天的专家门诊量也不过20位，但对待找上门来的患者，他则用一如当年的热心和耐心给患者诊治。巴黑·玉素甫虽然是维吾尔医，但在哈萨克族及其他少数民族当中，同样有着广泛的影响，他是新疆维吾尔自治区各少数民族口中的“大医生”。

痴迷于古老的维吾尔医学

巴黑·玉素甫调到自治区维吾尔医医院时，已接近知天命之年，可他渴望系统地学习维吾尔医的心愿一直没有改变。

来到乌鲁木齐，一个更广阔的学习平台展现在巴黑·玉素甫的面前。当时自治区维吾尔医医院仅有的一本《维吾尔医学简介》，让47岁的巴黑·玉素甫如获至宝。从此，巴黑·玉素甫开始了他真正意义上的维吾尔医学体系的学习……

维吾尔医学历史悠久，源远流长。新疆作为古丝绸之路的重要通道，世界上多种文明在这里交汇、碰撞、融合，维吾尔医吸收了汉医药（中医药学）和古希腊—阿拉伯医学的精华，形成了比较完整的、具有民族特色的医药学理论体系。它的形成和发展经过了漫长的历史时期。

维吾尔族的祖先在公元前5世纪游牧、农耕于北至贝加尔湖，东至巴尔喀什湖、额尔齐斯河和天山南北及塔里木河流域，经常遭受自然灾害和伤病的威胁，他们懂得利用一些自然、简单的方法来处理疾病。如用黏土、蒜汁和香草涂于肢体来预防害虫；用温泉浴、披兽皮和灼热的细沙掩埋身体来解除关节疼痛；用放血减轻沙漠干热性头痛，割破耳后静脉医治骑马性关节疼痛……

维吾尔医学经过了漫长的实践和积累，形成了四大物质学说、气质学说、体液学说、器官学说、力学说、素质学说、形与神学说、健康学说、疾病学说、危象学说等解释人体与自然的相互辩证关系的各项学说，并创立了一套诊治疾病的治疗学说和药物学理论。

通过学习，巴黑·玉素甫茅塞顿开。从维吾尔医学理论里，他不断收获到惊喜。维吾尔医历史悠远而独特的理论，解答了他在实践中的诸多疑问，又使他在维吾尔医学中进行了更大胆的实践，他推崇和主张各项学说的融会贯通和灵活运用。

维吾尔医学中的四大物质学说，包括火、气、水、土；气质学说包括八种正常气质（热、湿、寒、干、干热、湿热、湿寒、干寒）和八种异常气质。体液学说包括四种正常体液。器官学说包括三大支配器官（脑、心、肝）和主要被支配器官（肝、心、肺、胃、胆、肠、脾、肾、神经）及次要被支配器官（骨骼、肌盘、韧带、腱膜、脂肪、皮肤、毛发、指甲）；力学说包括生命力、精神力和自然力……

在常人看来，这些生涩难懂的学说，却被巴黑·玉素甫运用得得心应手，他把人类物化为大自然的一分子，这一分子与世间万物息息相关，以此作为生命疾患的观测镜。运用这一理论，在诊疗中，当他把人类还原于本我的自然状态时，也就打开了病人的症结。巴黑·玉素甫的维吾尔医诊治理论，必须要从人体的气质、体液说起，只有明白这一基础理论，才能走进巴黑·玉素甫的维吾尔医学世界。

体液是人类生命及生理活动过程中的基本物质。人体中的各种营养物质在肝脏中形成，能被机体所转化，为人的生命活动提供力量并适于人类的本性所转化的复杂液体的总称为体液，它分胆液质、血液质、黏液质和黑胆质四种。

维吾尔医学认为人体健康与否，与四种体液及气质是密切相关的，体液不断生成，又被不断利用，为人体的物质代谢活动提供了物质基础。

正常体液的形成及吸收利用，其物质因素，

产生因素，成形因素及成果因素起关键作用。体液的形成，不能缺少这四种要素。首先必须具备摄入的营养物质这一先决物质条件。物质条件具备后，要求有消化途径和消化腺等生产因素。营养物质经消化途径和消化腺这两个生产因素对其进行改变，在肝脏的各种力等成形因素的推动下形成体液。体液被组织和器官吸收转变后，运行到各个器官，各司其职则可视为成果因素。在对维吾尔医学的研究中，巴黑·玉素甫用这一理论拟人化地应用于人体，并取得了意想不到的诊疗效果。

对疾病的发生，维吾尔医学认为，人体是一个有机的整体，因而当某一种体液失调时，也会影响其他体液并发生疾病。其变化规律，可以应用四大物质相生相克来解释。如胆液质失调，可影响黏液质的正常功能等等。但仅应用四大物质的相生相克来解释全部病理变化还很不够，需要进一步完善它朴素的逻辑推理。

在诊断方面，维吾尔医学通过七诊得到材料，并根据四大物质的相生相克规律来诊断疾病。如面目苍白，形体肥胖，肌肉松软，动作迟缓，嗜睡，小便清长，舌苔白，脉迟等，便考虑到黏液质（湿寒）偏盛，患者体虚。如面赤目黄，形体消瘦，肌肉坚硬，烦躁易怒，动作迅猛，少寐，小便赤黄，舌质红，苔黄或少，脉数等，便考虑到胆汁质（干热）偏盛，火患为病等等。

在维吾尔医学的治疗方法中，绝大多数是根据四大物质的相生相克规律确立治疗原则的，如壮水制火法等等。治疗时也是如此，除了调节引起病变的体液以外，还应考虑其他有关的体液，并调整其关系，掌握其转变，以达到治疗的目的。如胆汁质（火）偏盛的疾病可通过相生相克，影响其体液，而其他体液的变化也可以导致胆液质变化的疾病。

胆液质体液是一种色淡黄、味极苦的液体，

它产于肝脏，贮于胆囊，属性干热。胆液质体液因各种因素的作用而失常时，就会为相应疾病的产生提供内部条件。异常胆液质体液有以下几种状态：

淡黄色胆液质：这是由于胆液质体液中混入大量黏液质体液或水而形成的异常胆液质体液，属性湿寒。形成这种体液时，人体出现功能性疾病的同时，还会出现消化系统疾病。如胆液质性呕吐、胆液质性腹泻、恶心、胃疼、胃炎、肠炎、胃溃疡、十二指肠溃疡、痢疾、溃疡性结肠炎、黄疸性肝炎、胆囊炎、胰腺炎、肛裂、肛门出血等。

蛋黄色胆液质：这是由于胆液质体液中混入浓稠黏液质体液而形成的具有一定黏性的异常胆液质体液。体内形成这种体液，不仅可使胆液质体液功能受阻，而且还会使其他体液的黏度更高，在血管内的流速变慢，最终导致血管密集，血液循环较快的心、肝、肾、眼等器官发生炎症，如心包炎、心肌炎、心内膜炎、黄疸性肝炎、胆囊炎、肝脓肿、肝腹水、急性肾炎、肾脓肿、肾积水、肾盂肾炎、子宫内膜炎、输卵管炎症，结膜炎、鼻炎、青光眼、急性咽炎、甲状腺炎、支气管炎等。

黑绿色胆液质：这是由于胆液质体液中混入黑胆质体液而形成的异常胆液质体液，其质量较浓，属性偏于干寒。经贮藏会变得更浓，极易形成沉淀，造成胆管阻塞、胆囊炎、胆结石、肾结石、尿结石、骨质增生、颈椎骨质增生、肝硬化、脾肿大、关节僵硬等症。此外，还会引起胆液质性呕吐、胆液质性腹泻、胆原性腹泻、肠道溃疡、肠脓肿等症。

蓝色胆液质：这是由于胆液质体液中混入有毒物质及致病体而形成的，极富破坏性的异常胆液质体液，往往会导致危重疾病和高热、传染性疾病等。如传染性肝炎、伤寒、霍乱、肠结核、脑膜炎、阑尾炎、急性胰腺炎、痢疾、食道炎、急性咽炎、甲状腺炎、淋巴结核、瘙痒症、炭疽、疱疹、带状疱疹、痤疮、酒渣鼻、色斑等较为多见。

燃烧的胆液质：这是由于胆液质体液遇到强热后水分蒸发，质量变浓而形成的异常胆液质，属性干寒。这种异常体液具有很强的腐蚀和攻击破坏作用，常常会导致梅毒、炭疽、麻风病、组织坏死、瘟疫、骨结核及各种肿瘤。如子宫肌瘤、肝癌、胃癌、肺癌、食管癌等。此外还会导致甲状腺功能亢进、脾肿大、肝硬化、心脑动脉硬化、器官萎缩等。

巴黑·玉素甫认为，在维吾尔医学治法中，有很多是根据四大物质的相生相克规律确立治疗原则的。但应当指出，根据四大物质相生相克来确定治疗原则，有一定的局限性。因此，对于辨证立法，应从四体液之间的内在联系和相互影响及具体病情出发，而不应受四大物质生克理论的局限。

维吾尔医学遵循调整失调气质、平衡失调体液、表根慢急、助防祛邪、七因制宜，及治防变六大治疗原则和护理疗法、食物疗法、药物疗法、用手疗法四大疗法。

巴黑·玉素甫运用维吾尔医学这一独特的理论体系和实践经验，在诊治疑难杂症方面取得了显著成就。在治疗慢性支气管炎、糖尿病、冠心病、高血压病、各类肿瘤、胃十二指肠溃疡、关节炎、结核病方面取得了很好的效果。

巴黑·玉素甫注意到，维吾尔医学基础理论体系中的“体液学说”和“气质学说”是根据“四种体液”的变化状态和个体“气质”的变化、分型特征进行诊治和分析的。巴黑·玉素甫提出了作为体液的一种——异常黑胆质是导致肿瘤、高血压病、糖尿病等的罪魁祸首。

异常黑胆质作为黑胆质、胆液质、血液质、黏液质等体液“燃烧”的最终病理产物，其分量较重，质地较稠，易在血管壁沉着，产生瘀阻，最终导致肿瘤、糖尿病、高血压病等难治性疾病。他还认为，异常黑胆质有一定的家族性，在现代医学所称的亚健康状态及疾病状态下均有表现。

巴黑·玉素甫在治疗异常黑胆质性疾病及亚健康状态时，强调合理使用维吾尔医学异常黑胆质成熟剂、清除剂。他认为异常黑胆质性疾病的治疗原则是根据引起疾病的异常黑胆质的性质来决定的。首先，要使用相应的成熟剂使异常黑胆质成熟和堆积，而后使用相应的清除剂使已经成熟的异常黑胆质排出体外，使气质复原，体液平衡，为本脏的治疗奠定基础。定时、按量、定期服用异常黑胆质成熟剂、清除剂是阻止和预防各种异常黑胆质性疾病产生的关键所在。体液平衡了，气质调顺了，身体自然就康复了。

五十年探寻心血管病致病病因

心血管疾病被称为现代人健康的“杀手”之一。巴黑·玉素甫利用维吾尔医学的“艾尔康”学说，还原了这一“杀手”的本来面貌，使这一疾病不再可怕。

“艾尔康”学说是维吾尔医学的基本理论之一，汉文译为“四大物质”，指自然界的火（太阳）、气（空气、风）、水、土四种物质。

“艾尔康”学说是古代维吾尔人的朴素唯物、自发辩证的思想方法与医学实践相结合的产物，即古代维吾尔人民在长期的生活实践中，通过对自然界各种事物和现象的观察及体验，认识到自然界的四大基本特质影响着万物的生、长、盛、衰，所创立的哲学理论，它广泛用于天文、地理、气象、农业等各学术领域，并用于医学理论。

巴黑·玉素甫认为，这一哲学理论对于诊疗心血管疾病的指导意义在于，首先对就诊病人辨证分析，是物质性还是非物质性，明确体液发生异常的类型，并对异常体液具体分型，给予成熟剂、清除剂调节体液，再根据疾病及患病个体具体情况使用对症的维吾尔药物。

巴黑·玉素甫根据长期的研究，将心脏疾病分为气质失调型心脏病和非体液型气质失调性心脏病，气质失调型心脏病的维吾尔医学名为“开力比苏依密杂吉”。根据气质失调的程度，又分为非体液气质失调性心脏病和体液气质失调性心脏病两类。前者分为非体液热性气质失调心脏病、非体液湿性失调心脏病、非体液型寒性气质心脏病和非体液干性气质失调心脏病四种；后者分为体液型胆液质性气质失调心脏病、体液型血液质性气质失调心脏病、体液型黏液质性气质失调心脏病和体液型黑胆质性气质失调心脏病四种。

2008 年 5 月 3 日，一位 53 岁的维吾尔族妇女来到了巴黑·玉素甫的门诊。患者告诉巴黑·玉素甫自己心痛、心悸、心慌、气短。

巴黑·玉素甫仔细分析了这位患者的症状，面色白较暗，目清，舌微干，口淡苦，体凉，喜待室外，脉细而迟，苔薄微暗，舌质较暗。

巴黑·玉素甫诊断患者为胆液质气质干寒性体质，患者得了黑胆质型冠心病。

新疆维吾尔医医院的迪里夏提·斯依提正跟随巴黑·玉素甫学习，看到老师作出的诊断，迪里夏提满腹的疑问。

巴黑·玉素甫解释说，导致患者这一疾病的最终物质是异常黑胆质，这是人体的一种体液，这种体液遇到过多的热量被挥发的成分变成气体时，剩下的浓稠部分便成为异常黑胆质。

看到迪里夏提一知半解，巴黑·玉素甫进一步解释说，正常的黑胆质遇热形成的异常黑胆质有两种：一种是稀度黑胆质遇热后形成的异常黑胆质，虽然很容易在人体中扩散，但是，所导致的疾病很容易治疗。另外一种浓稠黑胆质遇热后产生的异常黑胆质，虽然不容易在体内扩散，但是，所导致的疾病却很难治疗。而此类异常黑胆质体液分量较重，质地较稠，易在血管壁上沉着导致动脉硬化，心血管硬化引起的心绞痛，以及心肌梗死等心血管方面的疾病，而这位患者正好属于此类情况。

接下来，巴黑·玉素甫又遵循维吾尔医学治疗原则，先调整失调气质、平衡失调体液，给予患者异常黑胆质成熟剂和清除剂平衡体液，以生温祛寒，爽心悦志，温补心脏为主，调整心脏气质。

针对患者的病情，巴黑·玉素甫开出了异常黑胆质成熟剂药方，即破布木果 15 份，红枣

15 份，牛舌草 7 份，蜜蜂花 7 份，地锦草 7 份，刺糖 60 份。以上 6 味药材除刺糖外把其他药材剪碎，加 1000ml 水，加热煎煮 10 分钟后停止加热，浸泡，静置 12 小时，再用温火加热煎煮两小时，过滤，滤液趁热加刺糖搅拌溶解，再过滤，最终加蒸馏水稀释至 500ml，即得。每日两次，饭后趁热服用。

等患者连续服用 9～14 天后，巴黑·玉素甫又开出了异常黑胆质清除剂：清泻山扁豆 45 份，刺糖 45 份，玫瑰花 12 份，菟丝草 15 份，诃子 15 份，西青果 15 份，欧亚水龙骨 6 份，甘草 6 份，小茴香 6 份，薰衣草 10 份，铁线蕨 10 份，地锦草 10 份，牛舌草 10 份，蜜蜂花 10 份，天山堇菜花 10 份，睡莲花 10 份，葡萄干 18 份，破布木果 30 份，玫瑰花糖膏 30 份，巴旦仁 10 份，番泻叶 21 份，将以上 21 种药材，除番泻叶、玫瑰花、菟丝草、薰衣草、天山堇菜花、睡莲花、清泻山扁豆、刺糖外将其他药材剪碎，加 2000ml 水，加热煎煮 10 分钟后停止加热，浸泡，静置 12 小时。第二天，菟丝草装入布袋内浸泡于药液中，用温水加热煎煮 1 小时，加入薰衣草再加热煎煮 1 小时，过滤前 5 分钟加入番泻叶、玫瑰花、睡莲花炖煎 5 分钟过滤，滤液趁热加刺糖和玫瑰膏搅拌溶解，再过滤，得滤液。清泻山扁豆另外浸泡于 80℃热水中，静置 12 小时，过滤，并与前述滤液合并，最终加蒸馏水稀释至 1000ml，即得。每日两次，饭后内服。谢日比提艾比日西米糖浆，每日 3 次，每次 10ml；合米日高孜班安拜日糖膏，每日 2 次，每次 10g；合米日买日瓦日德糖膏，每日两次，每次 6g；谢日比提高孜班糖浆，每日 3 次，每次 10ml；艾热黑高孜班蒸露、艾热黑热依汗蒸露，每日 3 次，每次 20ml。建议患者多食山羊奶、苹果、西瓜、桃子、无花果、白果、桑椹、鸽子肉、鸡肉、麻雀肉。

经过巴黑·玉素甫的治疗，一个月后，患者异常体液的诸症明显好转，饮食、睡眠正常，心悸、心慌、气短等临床表现明显好转。

2009 年 3 月的一天，一位 68 岁的哈萨克族患者来找巴黑·玉素甫，他说自己得冠心病 30 多年，还有痛风的症状。

巴黑·玉素甫详细询问患者的状况，发现患者属于湿热性体质，最终诊断为异常血液质性冠心病。

巴黑·玉素甫提出，治疗这种异常血液质体液引起的疾病时，要选用买提布黑·夏塔热、买提布黑·海力来、伊提日力·夏塔热、伊提热非力·确布芹、伊提热非力·萨那、艾日黑·夏塔热、艾热黑·木塞非洪等来调节、清理异常血液质。加减天山堇菜花、莲花、玫瑰花、地锦草各 10g，菊苣子 15g，枣、菊苣根、刺糖各 30g，对患者的异常血液质进行调整。

调整后，再用维吾尔医学自制复方，养心

达瓦依米西克蜜膏 35g，每次 5g，每日 3 次；益心巴迪然吉布亚颗粒每次 12g，每日 3 次；参德力糖浆 200ml，每次 30ml，每日 3 次；库克亚片 0.3g，每次 3 片，每日两次；健心合米尔麦尔瓦一提安比热蜜膏，每次 6g，每日服 3 次；爱维心口服液，10ml，每日 3 次；护肝布祖热颗粒 12g，每日 3 次。

经过一个月的治疗，患者异常体液的诸症明显好转，饮食，睡眠正常，心前区阵发性绞痛、心悸、心慌、气短等临床表现明显好转。

自成体系的异常黑胆质诊疗理论

巴黑·玉素甫行医 60 多年，他了解到，异常黑胆质导致的疾病——肿瘤、高血压病、糖尿病在新疆维吾尔自治区高发，尤其在农村更为多见，他按照维吾尔医学四大物质学说、气质学说、体液学说治好了难以计数的病人，异常黑胆质性致病理论的广泛运用，使维吾尔医学重放光彩。

2003 年 8 月，巴黑·玉素甫受国际维吾尔医药学术会议的邀请，在会议上宣读了《维医论冠心病的病因、预防及治疗》的学术论文，得到了与会维吾尔医学界人士的赞誉。

巴黑·玉素甫几十年中治愈过许多异常黑

胆质导致的各类疾病，如何使自己的治疗经验尽早形成理论体系，并在维吾尔医学界广泛地推广应用，成为他的夙愿。

2004年，在巴黑·玉素甫的带动下，他同维吾尔医医院的年轻医生组成了课题攻关小组，申请了科技部农村与社会发展司的“十五”国家科技攻关项目，研究的课题为“异常黑胆质的疾病临证诊疗经验总结及相关问题的现代研究”。

课题组在巴黑·玉素甫的指导下，应用生物化学发光分析技术、电子顺磁共振技术、流式细胞技术、PCR－SSCP、PCR－RFLP技术开展了对于异常黑胆质更深层次的专项研究。

巴黑·玉素甫课题组通过对1081例异常黑胆质症患者进行临床分型，首次提出维医“同证异源的论点”；首次对异常黑胆质的基因多态型进行深入研究，从分子水平上阐述了异常黑胆质疾病“异病同源”的科学内涵，从而提出了“异病同治”的科学结论，为异常黑胆质型病人基因突变分析及共性基因寻找工作以及为开发异常黑胆质型疾病的治疗药物奠定了理论基础。

值得一提的是，巴黑·玉素甫课题组还首次规范了异常黑胆质成熟剂和清除剂的制备工艺，归纳出了异常黑胆质的成熟和清除所需要的时间、疗程和用量，为异常黑胆质症的临床治疗及其成熟剂和清除剂的临床应用，提供了技术规范。

巴黑·玉素甫通过对 1081 例异常黑胆质问诊患者成熟剂和清除剂治疗前后的氧化和抗氧化指标进行检测，首次推理出体液“燃烧”后产生异常黑胆质的过程可能是一种自由基产生的过程，提高机体抗氧化酶活性、防止脂质过氧化损伤、重建机体氧化和抗氧化系统平衡可能是异常黑胆质成熟剂及清除剂临床有效的部分理论依据。

巴黑·玉素甫课题组还对异常黑胆质成熟剂和清除剂抗氧化功能、保护线粒体氧化损伤功能、保护 DNA 氧化损伤功能、保护辐射损伤功能、对机体免疫功能的影响等作用进行了较深入的研究，从而阐明了异常黑胆质成熟剂和清除剂作用的部分物质基础。

另外，巴黑·玉素甫在维吾尔医学、基因组学、维吾尔医药与细胞生物学方面进行了研究，发现异常黑胆质成熟剂和清除剂对肿瘤细胞凋亡基因表达及肿瘤细胞凋亡有一定的影响。这一结论的得出及深入论证，获得了“新疆维吾尔自治区科技进步奖”及“中华医学科技奖”。“异常黑胆质的成熟剂和清除剂及其制备方法”还申请了发明专利。

巴黑·玉素甫的学术思想，临床诊疗特色，以及对异常黑胆质成熟剂、清除剂的药物研究，为由异常黑胆质导致的肿瘤、冠心病、高血压病、糖尿病等疾病，提供了更为经济实用的诊疗方法。他的异常黑胆质“提前治疗”的思想被广泛应用于维吾尔医临床，为社会带来了良好的经济效益和社会效益。

2007年，一位64岁的维吾尔族妇女找到了巴黑·玉素甫。按照维吾尔医学理论诊断，患者属气质干寒性体质。属于异常黑胆质性冠心病，异常黑胆质性慢性胃炎。

巴黑·玉素甫给患者开了处方，破布木果、红枣各10g，牛舌草、蜜蜂花、薰衣草、铁线蕨、小茴香、地锦草各7g，甘草根10g，刺糖60g。

他告诉患者，将这10味药材除刺糖外其他药材适当粉碎，加1000ml水，加热煎煮10分钟后停止加热，浸泡，静置12小时，再用小火加热煎煮两小时。过滤，滤液趁热加刺糖搅拌，再过滤，最终加蒸馏水调至500ml，即得。酌病情每次内服50～100ml，每日两次，饭后趁热服用。

经过一个多月治疗，异常黑胆质体液的诸症明显好转，饮食，睡眠正常，心前区阵发性绞痛、心悸、心慌，及失欲、恶心等临床表现明显好转，嘱患者注意休息，定期在门诊检查，长期用以上药物，避免情绪激动，少吃辛辣油腻食品，不能过饱。

巴黑·玉素甫分析，患者的气质属于干寒性。脉象：细、缓；眼部变化：发青、深陷；面部变化：稍黑、无光、暗淡；口味：晨起时口味苦涩；舌及舌苔：有青或灰色舌苔、舌干，严重失调者舌面全部为黑色舌苔；体表皮肤：肤色稍黑、粗糙、手摸感觉较凉、有瘙痒感、抓挠易掉屑；体温：相对降低；尿量：量多、小便次数少；尿色：发白、静置易形成沉淀；睡眠：失眠、多梦及噩梦。

治疗原则为调节异常黑胆质，用异常黑胆质的成熟剂及清除剂，改善血流量，养心为主，调节饮食，养胃。

在巴黑·玉素甫的医案中，针对清除异常黑胆质的病例有上千例，医案验证了巴黑·玉素甫异常黑胆质疾病“异病同源”的理论，并从根本上掌握了治疗“异常黑胆质类疾病”的方法。以下的案例，说明了巴黑·玉素甫在应用异常黑胆质成熟剂和清除剂方面的独到之处。

2007 年 8 月的一天，一位 50 多岁的维吾尔族农民来到了巴黑·玉素甫的门诊。病人来时，由于胸口疼痛，表现得很痛苦。巴黑·玉素甫认真分析了患者的体质，确诊为异常黑胆质性冠心病，异常黑胆质性心绞痛。

巴黑·玉素甫开出了处方：破布木果、红枣各 10g，牛舌草、蜜蜂花、薰衣草、铁线蕨、小茴香、地锦草各 7g，甘草根 10g，刺糖 60g，10 味药材除刺糖外将其他药材适当粉碎，加 1000ml 水，加热煎煮 10 分钟后停止加热，浸泡，静置 12 小时，再用小火加热煎煮两小时。过滤，滤液趁热加刺糖搅拌，再过滤，最终加蒸馏水调至500ml，即得。酌病情每次内服50～100ml，每日两次，饭后趁热服用，然后再服用维吾尔药膏剂，养心达瓦依米西克蜜膏35g，每次5g，每日3次；益心巴迪然吉布亚颗粒每次12g，每日3次；库克亚片0.3g，每次3片，每日两次；降糖孜亚比提片0.3g，每次3片，每日两次；健心合米尔麦尔瓦一提安比热蜜膏，每次6g，每日服3次；爱维心口服液，10ml，每日3次服；护肝布祖热颗粒12g，每日3次服。

经过一个月治疗，患者的异常黑胆质体液的诸症明显好转，饮食、睡眠正常，心前区阵发性绞痛、心悸、心慌等临床表现明显好转，嘱患者注意休息，定期在门诊检查，长期服用以上药物，避免情绪激动，少吃辛辣油腻食品，不能过饱。

巴黑·玉素甫介绍说，按照维医理论来讲，患者的气质属于干寒性。脉象：细、缓；眼部变化：发青、深陷；面部变化：稍黑、无光、暗淡；口味：晨起时口味苦涩；舌及舌苔：有青或灰色舌苔、舌干，严重失调者舌面全部为黑色舌苔；体表皮肤：肤色稍黑、粗糙、手摸感觉较凉、有瘙痒感、抓挠易掉屑；体温：相对降低；尿量：量多、小便次数少；尿色：发白、静置易形成沉淀；睡眠：失眠、多梦及噩梦。重点是要调节异常黑胆质，用异常黑胆质的成熟剂及清除剂，改善血流量，养心为主，调节饮食，降血压。

系统整理了维医治疗高血压病的理论

高血压病是目前最常见的心血管疾病。在新疆维吾尔自治区，特别是在广大牧区，由于不良饮食习惯导致的高血压病逐年增多。

巴黑·玉素甫运用维吾尔医学对于高血压病的认识，对115例高血压病患者进行了诊疗，总结出一套具有独特疗效的方法——复方高兹班片治疗。

高血压病在维吾尔医学中有千百年的记载，维吾尔医学文献中称“朱沙尼混”，汉语意思为“血液沸腾”，是指头痛、头晕、血压升高为主要特征的病症。维吾尔医学认为，人体气质的失调，体液的失衡，是导致疾病的主要原因。

四种体液中，黑胆质的异常变化是引起高血压病的主要因素。

黑胆质过剩出现异常变化时，往往导致血液浓度增高，促进血液脂肪的形成，减慢血液的循环，增加血管壁的压力，从而引起高血压病的发生。巴黑·玉素甫从维吾尔医对高血压病发生的这一观点出发，采用调整异常黑胆质的传统药方“复方高兹班片”治疗黑胆质性高血压病取得了良好效果。

“复方高兹班片”是巴黑·玉素甫在维吾尔医治疗高血压病“朱沙尼混”千年验方的基础上创制的，在临床上多年反复使用，是临床效果较好的复方制剂。它以牛舌草为主，由近十种维吾尔药组成的处方，具有调整异常黑胆质、清理血液、软化血管、安神除烦等功能，还能有效地降低胆固醇、甘油三酯，降低低密度脂蛋白，提高高密度脂蛋白。尤其能有效地阻断体外油脂在体内的吸收，阻止胆固醇与甘油三酯的结合，同时还能加速血液油脂的分解和排出，调整血脂，从而达到改善血液循环，扩张血管，保持血压正常的目的。

巴黑·玉素甫选取了115位异常黑胆质性高血压病患者，其中男性66例，女性49例，年龄最大的68岁，最小的32岁，平均年龄为50岁，病史最长的9年，最短的1年，平均病史为5年，血压最高200/150mmHg，最低170/110mmHg。在治疗前首先对患者采用护理疗法，让患者适当参加体育活动，以便改善血液循环，采用饮食疗法，要求他们不要食用油腻食物和动物脂肪，强调不要食用动物内脏等高脂性食物，晚饭尽量少吃，多吃桑椹、桃子、草莓、菠菜、白菜、芹菜、莴苣等水果蔬菜。

巴黑·玉素甫根据黑胆质体液质量变化的特点，首先采用黑胆质成熟剂内服相应的蒙孜吉赛危大，对异常黑胆质进行成熟，然后采用内服黑胆质清除剂木斯合力赛危大，对已成熟的异常黑胆质进行清除，从而调整气质、平衡体液，最后采用内服维吾尔医药复方高兹班片每日2次，每次4～6片。

治疗结果显示，115位患者中显效55例，有效47例，无效13例，总有效率为88.6%。

巴黑·玉素甫通过多年的临床应用，发现复方高兹班片没有明显不良反应，成本低、疗效好，不但能有效地治疗高血压病，而且对血管的硬化也具有一定的预防作用，它对治疗高血压病，探索新的途径和开发新的药物都具有一定的临床意义。

在他的病例中有这样一例：

患者塔某，男，51岁，患者说自己患冠心病9年了，用复方丹参丸、利血平等药后，病症减轻。但是最近一周内乏力、紧张、心前区阵发性绞痛、心慌、头痛加重，头昏，气短，反复发作。

巴黑·玉素甫仔细分析了他的症状，确诊

为异常血液质性冠心病，异常血液质原发性高血压病。

巴黑·玉素甫开出异常胆液质的成熟剂：天山堇菜花、莲花、玫瑰花、地锦草各10g，菊苣子15g，枣、菊苣根、刺糖各30g。菊苣子、菊苣根粗研后与其他药物一并放入1500ml开水中，浸泡4～8个小时，温火煮沸，煎至剩1000ml时过滤出，加入刺糖待溶化后，再滤尽即得。酌病情每日3次，每次50～100ml，饭后趁热内服。

经过一个月的治疗，患者异常体液的诸症明显好转，饮食、睡眠正常，心前区阵发性绞痛、心悸、心慌、气短等临床表现明显好转。巴黑·玉素甫再嘱咐患者要注意休息，定期在门诊检查，长期服用以上药物，避免情绪激动，少吃辛辣油腻食品，不能过饱。

巴黑·玉素甫说，该患者的气质属于干热性。脉象：细、搏动无规律；眼部变化：眼珠发黄或略黄；面部变化：发黄、暗淡无光、苍白；口味：晨起时口苦；舌与舌苔：有黄色厚舌苔，舌发麻、舌干易裂；体表皮肤：粗糙无光，病重者有黄斑；体温：升高；尿量：减少；尿色：呈黄色或橙色；睡眠：少。治疗原则为：调节异常胆液质，用异常胆液质的成熟剂及清除剂，改善血流量，降血脂，养心为主。

骆驼蓬子治胃病有功效

人生的经历都是财富。这句名言，对于巴黑·玉素甫来说，有着非凡的意义。

在南山牧场15年，天山丰富的植被成为他的药材宝库。雪山里绽放的雪莲花，成为他临床用的优质药材，天山雪松的松子、草丛里寻常的小草都成了他取之不尽用之不竭的良药。在众多寻常的植物中，一种骆驼蓬子成为了巴黑·玉素甫治疗胃病的良药，这一发现填补了维吾尔药学中的空白。

在《中国医学百科全书·维吾尔医学》的第298页详细记载了骆驼蓬子的药用研究。

骆驼蓬子，维吾尔药物名为“阿德热斯曼·

乌日格”，别名为“白祖如力·乌尔米力”、“吐胡米依斯番德”。属于蒺藜科植物骆驼蓬的干燥种子。这种植物主要分布于我国新疆、河北、山西、内蒙古、宁夏、陕西、甘肃、青海各省区，国外主要分布于蒙古、印度、巴基斯坦及中亚各国。

骆驼蓬子呈三棱状肾形，长 2～3mm，棕色至棕褐色，表面粗糙，一端较厚钝，另一端较尖，在放大镜下可见密集的蜂窝状皱缩表皮，切面外层棕褐色，内部白色。

在维吾尔药物中，骆驼蓬子性二级干三级热，味苦，功能生干生热，祛风止痛，强筋补神、镇咳平喘，温身通窍，主治温寒性或黏液质性疾病。例如，骆驼蓬子研末与适量蜂蜜调配含在口内，可治气喘咳嗽；6g 骆驼蓬子研末冲开水或牛奶可治关节痛；骆驼蓬子与水煎，漱口洗牙可治牙痛。

在乌鲁木齐南山牧场，骆驼蓬子这种植物

随处可见，巴黑·玉素甫也只是按照祖辈传下来的医嘱，用骆驼蓬子治疗相应的疾病，在巡诊繁忙的几年间，巴黑·玉素甫并没有把这一寻常的植物与胃炎、胃癌等胃病联系起来，也没想到这随处可见、被当地人称为“骆驼蓬”的植物会成为治疗胃病的功臣。

胃炎，维吾尔医学名为“外热糜·买衣代·木孜满”，维吾尔医认为，凡长期食用难消化的食物，如甜食、油腻食物、浓茶、药茶，长期饮酒，饭后饮用大量凉水，食物过热或过冷，边食边劳动或暴食少动，或长期便秘，或情志内伤；常患口腔疾病和某些心、肺、肝、肾等疾病，关节炎、类风湿性关节炎等疾病都可以成为诱发胃炎的因素。

巴黑·玉素甫在乌鲁木齐南山牧场期间，由于当地牧民喜食肉类，高血压病患者居多。而且，由于气候潮湿，关节炎患者很多，得胃病的人也多。

传统的维吾尔医学就用成熟剂天山堇菜、菊苣根、龙葵子、小茴香根、无核红葡萄、大菟丝子与适量水煎汤，分两次早晚各加古丽坎民克孜力古丽花膏内服，一日 2 次，连服 7 天。到第 8 天的时候，再让患者取无花果、玫瑰花、盒果藤根皮、罗望子环状肉汁、刺糖、甜巴旦仁煎汤内服。后再用买朱尼代比都力外尔蜜膏，继服艾热克木库蒸露、艾热克卡森蒸露加谢日比提白祖日木提地力糖浆。调节饮食，忌食难消化的食物及辛辣食品或烟酒、浓茶、咖啡等，多食易消化食物，如牛奶、稀饭，特别是加绿豆、黄豆的稀饭，通常经过这样的治疗，患者的病情都会有所好转。

巴黑·玉素甫在治疗胃病中发现，病人在使用成熟剂时，效果总是不太理想。他细心琢磨，发现当地气候潮湿，关节炎发病率高，成为诱发胃炎的一个因素。所以，他考虑先利用生干生热、祛风止痛的药物，对患者的寒湿性体质做一个调理。

1994年秋天的一个午后，巴黑·玉素甫巡诊时坐在山坡上休息，一株骆驼蓬子碰到了他的脚，他眼前一亮，眼前不就是我一直要寻找的良药吗?骆驼蓬子不是正有生干生热、祛风止痛的效果吗?

回到诊所后，他大胆地在治疗胃炎的药剂中加入了骆驼蓬子，在临床中产生了很好的效果。

巴黑·玉素甫的这一发现为维吾尔医学治疗胃病增添了新的药剂。在系统学习了维吾尔医药理论后，巴黑·玉素甫提出：脑、心、肝为人体三大支配器官，肝、心、肺、胃、胆、肠、脾、肾、神经作为人体主要被支配器官，与体液的变化息息相关。

换而言之，胃病与冠心病、高血压病等由异常黑胆质引起的疾病是同一类疾病。推而广之，胃癌多是在体内外不良因素影响下，体液失衡，气质失调，多为黑胆质烧焦，伤害胃脘所致。

维吾尔医学认为，导致胃癌的病因与其他癌症病因相同，多因黑胆质或血液质的烧焦所致，另外就是黏液质中混入异常热性或渗入异常胆液质所致。

巴黑·玉素甫借中医理论，在胃癌的治疗中加入藿香、薄荷。他提出：治疗要先成熟和消除致病体液，以调整气质，以毒攻毒，以止痛止呕，控制癌变，增进食欲，保存体力为主。

经过 13 年的探索，巴黑·玉素甫总结出了一整套治疗胃病的方法，为许多胃病患者解决了病痛，延长了他们的生命，提高了病人的生活质量。

支气管哮喘治疗的重大突破

“哮喘”，维吾尔医学名为“热布”，指以呼吸急促、气短不续和喉间哮鸣为特征的病症。

支气管哮喘是临床上常见和多发的顽固疾病，患病率高。目前，国内外治疗该病的系统和局部治疗药物种类不少，但疗效有限，不能解决问题，治疗上没有质的突破，许多药物的药理作用只能是针对哮喘复杂机制环节中的一部分，治疗不彻底，难以治愈。

维吾尔医学基础理论认为，体内异常胆液质，异常黏液质，异常黏液质属性时寒性，异常胆液质属性时干热，并影响人体全身或局部代谢及支气管黏膜血液循环产生炎症反应，从而导致哮喘，而平喘颗粒具有成熟和清除异常气质的功能。

在50多年的行医生涯中，巴黑·玉素甫从维吾尔医学角度把哮喘分为乃孜乐喘、痰阻性气喘、心源性气喘、气原性气喘、松弛性气喘、干性气喘、寒性气喘和热性气喘八种。

乃孜乐型气喘，是指以伤风感冒为主要特征的气喘。巴黑·玉素甫认为，此类气喘多因伤风感冒久治不愈，多以热性和寒性体液失衡形式出现。症见发病后先有咳嗽、喉咙塞紧、流清鼻涕等伤风感冒和乃孜乐症状，后有头痛，常打呵欠，深伸懒腰，突发气喘，并显出热性或寒性乃孜乐的一系列症状。治宜先以成熟和清除热性乃孜乐为原则，后以清热平喘化痰为主。成熟：方用台尔亚克乃孜乐解毒膏加谢日比提糖浆、海西哈西糖浆或谢日比提高孜班蒸露内服；清除：用艾比比乃非谢小丸内服；清热平喘，宜用朱拉比加、罗望子、莲花、大枣、白蜀葵子等内服。治寒性乃孜乐型哮喘者先以成熟和清除寒性乃孜乐为则，后以祛寒平喘为主。用相应成熟剂后，从艾比阿、克亚小丸等清除剂中选一种内服。祛寒平喘，方用从买朱尼、白尔西夏蜜膏、谢日比提海西哈西糖浆、谢日比提排尔亚德热斯糖浆、鲁欧克赛尔皮斯坦制剂、合米日高孜班糖膏、谢日比提都糖浆中选一种内服。

巴黑·玉素甫认为，痰阻性气喘多由痰液黏于呼吸道所致，症见肺中有啰音，咳出黏性痰液，咳嗽时很难咳出痰液。治疗以化痰平喘为主。治疗的方法有维吾尔医研制的谢日比提祖法糖浆内服，若顽痰不化可用粗研亚麻子煎汤加砂糖内服或萝卜汁加蜂蜜内服催吐黏痰，应多食加黑胡椒、肉桂、干姜等芳香性药物及鸟类动物肉，但要禁用热性三四级药物，如麝香、西红花。要禁食烤馕、烤羊肉、包子、阿力瓦糖糊等。

2009年春天，巴黑·玉素甫的门诊来了一位气喘很厉害的中年人。巴黑·玉素甫仔细地为这位患者号脉，患者脉粗代数，心跳气短，平常走路太快或提东西都会气喘闷胀等。巴黑·玉素甫告诉这位患者，他患的是“热布开力比”，即心源性气喘，是指以心悸为主要特征的哮喘。病因多由身患心悸和其他心脏病导致邪气弥漫心和肺所致。巴黑·玉素甫的治疗以降低心热为主，通便散气为辅。如果散热后，身体没有不适，可以从左臂静脉中放血。

巴黑·玉素甫从维吾尔医药里的罗欧克衣斯排胡力黏液、罗欧克比也黏液、罗欧克开塔尼黏液中选一种给患者内服，白檀香用芫荽汁磨出药味擦于胸部，并用莲花、天山堇菜、大枣等煎服通便散气。

经过治疗后，巴黑·玉素甫发现，这位病人心悸较重，就改用合米日买日瓦日德糖膏或木排日巴德爽心膏，并用谢日比提斯依比利时糖浆送服，病人的心悸很快得到缓解，气喘症状明显减轻。

在治疗支气管哮喘的大量临床实践中，巴黑·玉素甫还发现，由于新疆特殊的气候条件，许多老年人容易患松弛性气喘。巴黑·玉素甫用维吾尔医学命名为“热布依斯提尔哈依”，是指呼吸道肌肉松弛为主要特征的气喘。病因多由呼吸道黏膜淤积乃孜乐液或呼吸道肌肉之常态性松弛或非体液型寒性损害于呼吸道所致。症见急促呼吸，胸部姿势若不正，呼吸便不通畅，胸闷难受，脉软而松。

在临床上，巴黑·玉素甫对此类患者，首先以祛寒健肌平喘为主。用维吾尔医药热维改尼尔改斯油、热维改尼苏维散油、热维改尼司亚当油中选一抹擦于胸部；可煎煮桂皮，加蜂蜜内服；可以将适量无花果干、黑种草子研细，加以大麦面粉及热维改尼西比提油调成糊剂外擦于胸前。

第六种为干性气喘，维吾尔医学名为“热布亚比斯”，是指干性偏盛呼吸道肌肉痉挛为主要特征的气喘，病因多由肺和呼吸道因受非体液型干性侵扰，累及微细气道，使其痉挛所致。症见气喘明显，发出丝音，口渴等。若进食湿性物，病情即可缓解，反之，若食进干馕、若久留太阳下，病情即可加重。巴黑·玉素甫认为，治疗此类气喘以生湿镇痉为主。可以用菊花、青葫芦、马齿苋等煎水，趁湿坐塘洗浴，每日清晨以开水送服亚麻子，可饮用山羊奶，内服或外用湿性制剂和药物。

寒性气喘，维吾尔医学名为“热布巴日德”，病因多由过多摄取寒性、湿性药物和食物，长久身处寒湿之地或淋雨时久所致，治疗必须从除湿寒入手。

在新疆维吾尔自治区的南疆地区，由于气候干燥，热性气喘的发病率较高。热性气喘，维吾尔医学名为“热布阿日”，是以非体液型热性偏盛为主要特征的气喘。病因是在体内外各种不良因素的影响下，由于热性偏盛，引起非体液型人体温表气质偏盛，使肺中湿性有一定程度的损失，并使呼吸道出现干性，阻碍舒张和收缩的活动所致。

主要症状表现为呼吸困难，口渴，喜凉空气、喜欢凉食，尿色偏赤，脉粗数等。治疗以调整气质为原则，降热定喘为主。巴黑·玉素甫的治疗方案为，用鲜马齿苋加罗阿比衣斯皮胡力黏液或白蜡加热维心尼比乃非谢油涂于胸部；将樟、大麦汁、菊苣、龙葵汁等煎汤内服，也可以用维吾尔医药当中的谢日比提比乃非谢糖浆或合米日比乃非谢糖膏内服。

在50年的行医生涯中，巴黑·玉素甫通过对支气管哮喘的治疗，诊治范围扩展到了整个呼吸道疾病，并研究出了维吾尔药背部贴敷治疗呼吸道疾病的方法。

巴黑·玉素甫和他的研究小组确定了122

例观察对象，其中男性105例，女性17例，年龄在30～40岁的患者110例，41～50岁的患者7例；观察病程确定为3～12年不等。

观察对象病例选择多为咳嗽、痰多、呼吸困难等症状的慢性支气管炎、支气管哮喘、肺气肿患者，以及乃孜乐（一种致病性液体）引发的哮喘患者。

巴黑·玉素甫根据病人的体液分型，服用相应的异常体成熟剂和清除剂，使患者气质恢复原属性，然后服用具有抗炎、化痰、止咳的赛比斯坦含剂或鲁欧克巴旦木，每日两次，每次8～10g口服；另外还服用谢日比提安斯力糖浆和谢日比提祖帕糖浆，一日3次，每次50ml。同时，取柯恰粉10～20g与适量鸡蛋黄混合均匀，贴敷于背部，一日一次，连续敷10～15日。

经过长达12年的观察，巴黑·玉素甫得出的结论是，呼吸系统疾病是由于脑内形成乃孜乐并流窜呼吸器官损害气管、支气管和肺脏，邪气上逆所致。致病的淡味黏液质体液受到过盛湿性的影响变稀形成异常黏液质体液。因黏液性咳嗽、黏液性哮喘、黏液性胸膜炎等无特殊的味道，故被称为淡味黏液质。

人体内形成这种黏液质，可使人体热能下降，物质代谢活动减慢，应排出体外的废物质（随汗排出的液体）因缺少热能而滞集于器官组织空间内，引发诸如炎症和过敏。从而在呼吸道产生黏稠液并在局部引发水肿、充血和刺激等反应。主要症状为呼吸困难、胸闷、咳嗽、咳痰、哮喘鸣音、缺氧、口唇指甲和鼻尖出现紫绀黏液性咳嗽、黏液性哮喘、黏液性胸膜炎等等。背部疗法具有加热胸部，减少支气管和肺脏中的液体，从而畅通呼吸道、活血、抗炎、化痰、止咳的作用。

巴黑·玉素甫在呼吸道疾病治疗方面的经验及现代研究的基础上，对呼吸道疾病积极进行维吾尔医药学与现代医学相结合的研究，不断在理论和实践上有所创新、有所突破，为广大呼吸道疾病患者带来了福音。

挖掘丰富维药宝库

吾买尔·巴黑继承了父亲巴黑·玉素甫的衣钵，成为一名天天和患者打交道的大夫。他说："父亲对我影响最大的是，父亲虽然已是70多岁高龄的医学专家，尽管在新疆是很有名气的医学专家，但他仍然不断学习，不断提高，总结出了自己独特的诊断经验和治疗方法，治疗病人个性化，系统地治疗尽量使用简单、价廉的方法，不增加病人负担。"

巴黑·玉素甫常说："我是在民间学习的维吾尔医药，而且是在民间发展自己的专业的。在民间有好多秘方。对这些秘方进行搜集、整理、检验，就可以为人类造福。人类作为自然界的一分子，人的自然体与世间万物息息相关，选用自然界中与人民生活紧密联系的植物，就是治病的良药。”

在长年的维吾尔药学实践中，巴黑·玉素甫秉承这一思想，首先是用地方药来治疗病人，其次在治疗病人之前，必须先对病人进行心理疏导，解决患者思想上的顾虑。

巴黑·玉素甫认为，首先要树立患者的信心，然后再用一些民间简单的药方来治疗，这几个方面结合起来治疗病人效果更好。巴黑·玉素甫非常推崇精神治疗和心理暗示，他认为要使病人在思想上认同医生，与医生保持一致，治疗过程就会变得顺畅，治疗往往会产生意想不到的效果。

维吾尔医药已有千百年的历史，得到了蓬勃发展。巴黑·玉素甫在50多年的行医生涯中，为维吾尔医药的宝库增加了许多新的品种。

中华人民共和国成立以来，维吾尔医药研

究和开发工作取得了突出的成绩。1998年《中华人民共和国药品标准（维吾尔医药部分）》的颁布，结束了维吾尔医药没有标准的历史。此标准中共收载维吾尔药202种，其中药材115种，成方制剂87种，使维吾尔医药进入了一个新的历史时期。

维吾尔医学作为祖国传统医学的重要组成部分，有其独特的历史根源和产生环境。由于新疆特殊的地理位置，维吾尔医学与中亚、西亚、南亚及其他邻国医学有着千丝万缕的联系，特别是新疆地域辽阔，交通不发达，使维吾尔医学理论不够统一，维吾尔医药不够规范。挖掘古代维吾尔医学文献和民间古方，首先要使其系统化、规范化。只有在这个前提下，才能有所继承，有所提高，有所发展。巴黑·玉素甫自觉地担负起了这个历史任务。

1992～1994年，巴黑·玉素甫完成了“祖卡木冲剂”、“库吾提埃拉壮阳口服液”、“克孜古力糖膏”、“阿娜尔糖浆”、“斯亚旦生发油”及“保健茶”等药物处方的整理、药材分析、临床验证等研究项目，取得药品批准号，投入医药市场，并以纯天然药物、无明显毒副反应、安全速效等特点，受到全疆各族人民的青睐。1994年，在全国发明和专利博览会上，巴黑·玉素甫研制的四种药品荣获发明与新技术金奖和优秀新产品金牌奖。

在行医路上，巴黑·玉素甫积累了父辈的经验并且博采众长。他走遍了全疆各地，长期坚持在维吾尔医学基础理论的指导下开展诊疗工作，把学到的理论知识放到实际诊疗实践中去验证。他在维吾尔医药学方面的创新，更多的来自于基层。

在南疆各地巡诊考察时，他走访学习和总结当地老维吾尔医药专家的好经验，收集了大量民间的处方及偏方，细心地加以琢磨和研究，在心血管、神经、内分泌、消化系统的常见病方面形成了独特的配方。

1995～1999年，他完成了新疆维吾尔自治区卫生厅新药开发研究课题“复方骆驼蓬子油”的研究。从1997年开始进行“复方骆驼蓬子油”的临床应用工作。他还参加了自治区课题“玛木然胶囊”、“苏列甫片”等维吾尔医药的临床研究工作，参与了自治区课题“夏塔热片”的研制。

早年，巴黑·玉素甫还在乌鲁木齐南山牧场行医期间，调查研究及使用骆驼蓬子、薄荷、藿香、香青兰等药物对治疗心血管和消化系统疾病取得了很好的效果，目前正在编写多年的临床经验总结——《内科常见病的维吾尔医治疗手册》。

维医外治疗法的开拓者

50 多年来，巴黑·玉素甫遵循维吾尔医学理论和法则，研制出自己独特的外治疗法，并普遍推广应用。

科玛特药熏疗法：是在维吾尔医药理论指导下，配备相应的维吾尔药材，药材粗粉经煮沸后产生的蒸汽熏蒸蚕沙至透心，将蚕沙与药材粗粉药渣混合，按量装入透气透水的药袋中，放在患处，进行全身或局部熏蒸，达到防治疾病的目的。这种外治疗法，广泛应用于骨科、内科、妇科、皮肤科、男性病等，特别对关节痛、坐骨神经痛、关节炎、骨质增生、颈椎病、肩周炎、腰椎间盘突出症、前列腺炎、痛经、盆腔炎、阴道炎等有独特的疗效。

一日一次，十天为一个疗程。禁忌：重症心血管病、妇女妊娠期及行经期。所用方剂科玛特巴日提：红花、甘松、洋甘菊、野苜蓿、麻黄、莴苣子、龙葵果、菝葜、地锦草、玫瑰花、刺山柑、干姜、莳萝子、天山堇菜、蜀葵子、大麦、紫草、荷花；科玛特哈尔提：乌梢蛇、甘松、薰衣草、桂皮、紫草、丁香、刺山柑根皮、莪术、肉豆蔻、莳萝子、红花、香青兰、白花丹、干姜、麻黄、高良姜、石菖蒲、菝葜、洋甘菊、野苜蓿。

阿必赞药浴治疗法：是在维吾尔医药理论指导下辨证选方，选择适当的维吾尔草药，将药材煎汤取汁倒入浴盆，患者裸体浸入浴盆没至胸骨剑突下，药物的有效成分通过毛孔渗进皮下组织后，通过血液循环到达各个器官，达到活血化瘀、增强机体的血液循环、强化各个器官的代谢功能、促进异常体液的成熟并通过排汗的渠道清除已成熟的异常体液，从而达到治病、防病目的的维吾尔医学外治疗法之一。适于干热、干寒气质的疾病，如手骨性关节炎、膝关节骨性关节炎、髋关节骨性关节炎、脊柱骨质增生、跖趾关节炎等。禁忌：皮肤炎症、传染病、癫痫、心功能不全、冠心病，甲状腺功能障碍、出血倾向、妇女妊娠期及行经期、外伤、烧伤、脓流、高热发烧、晚期癌症、高血压病、重症心血管病、体质过度虚弱等患者。一日一次，十天为一个疗程。所用方为阿必赞哈尔提（妇科专用）：洋甘菊、野苜蓿、莪术、高良姜、红花、刺蒺藜、伯孜旦、丁香、肉豆蔻、菝葜；木发日阿必赞哈尔提（高血压病专用）：香青兰、薰衣草、小茴香、玻璃苣、三条筋、青香茅、玫瑰花、洋茴香；木发日阿必赞巴日提（高血压病专用）：红枣、天山堇菜、荷花、芫荽实、玻璃苣、马齿苋子、黄瓜子、诃子、小檗实、檀香、黄花柳。

尼克巴布药蒸治疗法：是在维吾尔医药理论指导下，通过维吾尔医学辨证分类，选择合适的维吾尔草药，利用中药熏蒸治疗器，用药材浸液煮沸后产生的蒸汽进行局部或全身药蒸，可增强机体的血液循环、强化各个器官的代谢功能、促进异常体液的成熟并通过排汗的渠道，清除已成熟的异常体液，从而达到治病、防病目的的。外治疗法之一，适于湿热、湿寒气质的疾病，如手骨性关节炎、膝关节骨性关节炎、髋关节骨性关节炎、脊柱骨质增生、跖趾关节炎等。一日一次，七天为一个疗程。凡高血压病、重症心血管病、妇女妊娠期及行经期、体质过度虚弱患者不宜。所用协同方为木发日尼克巴布巴日提（高血压病专用）：红枣、天山堇菜、荷花、芫荽实、玻璃苣、马齿苋子、黄瓜子、诃子、小檗实、檀香、黄花柳；木发日尼克巴布哈尔提（高血压病专用）：香青兰、薰衣草、玻璃苣花、小茴香、玻璃苣、三条筋、青香茅、玫瑰花、洋茴香；尼克巴布巴日提（妇科专用）：洋甘菊、野苜蓿、锦灯笼、菝葜根、龙葵果、苣根、莳萝子、荷花、天山堇菜、菝葜、蜀葵子。

帕雪雅膝下药浴治疗法：是在维吾尔医药理论指导下，选择适当的维吾尔草药粗粉，煎汤取汁，双足及膝关节以下部分进行局部药浴，通过药液的温热作用对双足进行良性刺激，活血、消肿、止关节痛、清除异常体液，从而达到预防和治疗疾病的目的。这种外治疗法，广泛用于内科、骨科、妇科、男性病等；特别对盆腔炎、附件炎、前列腺炎、膝骨性关节炎、风湿性关节炎、糖尿病引起的下肢疼痛、失眠等有显著疗效，同时对体力劳动、脑力劳动而致的困倦、疲劳等患者有保健作用。凡皮肤炎症、重症心血管病、妇女妊娠期及行经期、外伤等忌用。所用协同方为：帕雪雅巴日提（妇科专用）：洋甘菊、野苜蓿、龙葵果、菊苣根、莳萝子、荷花、天山堇菜、蜀葵子；帕雪雅哈尔提（妇科专用）：洋甘菊、野苜蓿、莪术、高良姜、红花、刺蒺藜、莳萝子、伯孜旦、丁香、肉豆蔻、菝葜；木发日帕雪雅哈尔提（高血压病专用）：香青兰、薰衣草、玻璃苣花、小茴香、玻璃苣、三条筋、青香茅、玫瑰花、洋茴香；木发日帕雪雅巴日提（高血压病专用）：红枣、天山堇菜、荷花、芫荽实、玻璃苣、马齿苋子、黄瓜子、诃子、小檗实、檀香、黄花柳；复方卡瓦吾亲帕雪雅：花椒、丁香、肉豆蔻、黑胡椒、干姜、荜茇、莪术、秋水仙、洋甘菊、甘松；帕雪雅西发依哈尔提：秋水仙、洋甘菊、高良姜、骆驼蓬子、肉豆蔻、青香茅、丁香、莳萝子、阿那其根、栀子、莪术；木帕斯帕雪雅（风湿病专用）：秋水仙、莳萝子、莪术、白花丹、洋甘菊、苦木香、曼陀罗叶、刺山柑根皮。

特地民治疗法：是在维吾尔医药理论指导

下，以维吾尔医辨证为原则，根据患者的气质分类，选择合适的维吾尔医药油涂擦局部或全身，达到治疗疾病的目的。临床上针对各种气质的疾病，选择维吾尔药油种类也各有不同。巴旦木油用于各种头痛、关节痛、支气管炎、失眠；库斯特油用于瘫痪、面瘫、类风湿；古丽油（玫瑰油）用于四肢疼痛、皮肤瘙痒、关节炎等；依拉尼油用于妇科炎症、风湿性关节炎、关节肿痛、四肢麻木等；马钱子油用于关节疼痛等；蛋黄油用于关节炎、腰腿痛等；丁香油用于类风湿性关节炎、风湿性关节炎、坐骨神经痛等。

德高望重　行医为民

巴黑·玉素甫经常说，自己是真正意义上的“草根大夫”，师承祖辈的维吾尔医术，没有系统接受过维吾尔医学体系培训，但他渴望对于历史悠久的维吾尔医学进行更深层次的探究。当年，本以为来到乌鲁木齐，就可以学到更广博的维吾尔医学理论，却又赶上了“十年动乱”时期，到了南山牧场，在山窝里，就更没有机会系统地了解维吾尔医学体系了。

1981 年，巴黑·玉素甫被抽调到了乌鲁木齐，成为了新疆维吾尔医医院的首批创业者，并很快成为了首屈一指的内科大夫。

新疆肺科医院副主任医师吾买尔·巴黑这

样回忆父亲的那一段历程："父亲在进入到自治区级大医院后，在政治思想、业务、专业水平方面都给自己定了很高的标准。他严格要求自己，在工作中认真负责、刻苦钻研、不断提高自己的专业水平。关心病人就像关爱自己的亲人一样，不怕苦、不怕累，在一天24小时之内，病人可以随时随地找他看病，他从来不会借故推辞。特别是节假日，是他接待病人最多、工作最忙的时候。多少年来几乎没有好好休息过一天。父亲在行医的过程中深深地理解各族患者，对他们表示极大的同情，认真检查、解决他们的各种困难。"

在医院工作期间，由于表现突出，1987年，巴黑·玉素甫光荣地加入了中国共产党。他来自民间，现在却成了一个有组织、有单位、有名分的大医院的正式医生。巴黑·玉素甫觉得浑身有使不完的劲儿。那时乌鲁木齐医疗机构少，巴黑·玉素甫的门诊量每天都有七八十位病人，周六周日还要下基层巡诊，加班加点是常有的事，但巴黑·玉素甫从不抱怨，遇到难事他也总是笑笑，没有过多的言语，有的只是为患者忙碌的身影。

了解巴黑·玉素甫的人都知道，1987 年的时候，他家的生活并不宽裕。一家 9 口人，爱人是家庭主妇，7 个孩子中有 3 个刚参加工作，生活刚刚能够自理，他一个人的工资要养活 6 个人。尽管如此，当病人需要他时，他始终把患者的安危放在第一位。

有一次，一位维吾尔族妇女带着胳膊患有骨癌的儿子找到了巴黑·玉素甫，母子俩从南疆来乌鲁木齐看病，几乎去了乌鲁木齐所有的医院检查、治疗。得到的结论始终是：要保住孩子的生命，必须锯掉有病的胳膊。孩子的母亲难以接受这一事实。一个不到十岁的孩子，如果失去了胳膊，将怎样度过他的一生。抱着一线希望，他们来到了维吾尔医医院，找到了巴黑·玉素甫医生，她多么希望巴黑医生能保住她孩子的胳膊。

巴黑·玉素甫被这位母亲的深情打动，他理解孩子母亲心里的痛楚，他同情这一家人的遭遇。在认真检查了孩子的病情后，巴黑·玉素甫决定用传统的维吾尔医独特的疗法诊治骨癌。经过两个月的治疗，孩子的病情得到了缓解，患病的胳膊保住了。接下来进一步的调养治疗，使孩子的病渐渐痊愈。如今，当年的小男孩已为人父，他常常对自己的孩子提起："乌鲁木齐有位神医巴黑·玉素甫，是他给了我幸福的生活。"

1994年的一天，刚刚值完夜班的巴黑·玉素甫正在午休，熟睡时被一阵敲门声惊醒，巴黑·玉素甫打开门，看到一位面色萎黄、形体消瘦的中年男子站在他家门口。巴黑·玉素甫得知是慕名前来问诊的外地患者，他扶中年男子进了家门。等病人坐定后，巴黑·玉素甫开始给患者号脉、检查，经过仔细的诊断，病人患的是急性胃肠炎，因腹泻，全身出现脱水现象，病情非常严重，若不立即治疗就会危及生命。中年男子来自边远牧区，因为没钱治病，没能及时治疗，所以拖到现在。巴黑·玉素甫让妻子拿出家里仅有的1000元钱，交到病人手里，并带他到了医院，帮他挂号，安排病房，进行救治。当得知患者的亲人赶不过来时，巴黑·玉素甫又安排自己的妻子和孩子轮流给患者送饭。经过半个月的治疗调养，这位中年男子渐渐痊愈。出院的时候，他紧紧拉着巴黑·玉素甫的手激动地说："是您救了我的命，这一生我都不会忘记您的恩情。"后来，这位中年男子成了巴黑·玉素甫家的远方亲戚。

1996年冬，一位从塔城来的哈萨克牧民找到巴黑·玉素甫，说他妻子得了很重的"怪病"，起不了床，没法来乌鲁木齐看病，请巴黑·玉素甫医生到塔城去。

巴黑·玉素甫交代好家里和科室的工作后出发了。他随牧民到了塔城，一下车就赶到哈萨克牧民家里，一进门，巴黑·玉素甫就听到了剧烈的咳嗽声，他仔细地为牧民的妻子把脉，检查患者痰的颜色，经过诊断，牧民妻子得的是肺结核，由于没有及时治疗，久拖疾重，随时都有生命危险，需立即住院治疗。

巴黑·玉素甫立即带着牧民和他患病的妻子起程，经过十多个小时的颠簸赶到了乌鲁木齐。当时巴黑·玉素甫所在的维吾尔医医院还没有开设肺科，他就安排牧民和妻子住进了乌鲁木齐肺科医院。经过一个多月的治疗，牧民妻子病情有了极大的改善。在牧民妻子看病期间，巴黑·玉素甫始终陪在她身边，还垫付了几百元医疗费，可当时他一个月的收入也不过500元钱。

在巴黑·玉素甫50多年的行医生涯中，这样的故事很多。每当有人提起这些事儿，巴黑·

玉素甫总是淡淡一笑，他说：“谁没个难的时候，我们做医生的就是要救人于危难之中。金钱去了还会来，可人的生命只有一次。况且，我是共产党员，党把我从一名‘江湖游医’培养成一名专业维吾尔医，做这些，是我义不容辞的责任，不这么做，我对不起党和人民对我的培养。”

“和蔼可亲的笑容，平易近人的作风，高超的医术，高尚的人格”，这是很多患者和他同事心中的巴黑·玉素甫。在新疆乌鲁木齐市这家三级甲等维吾尔医医院里，年逾古稀的主任医师巴黑·玉素甫几十年如一日坚持为患者坐诊，用岁月和真诚，谱写了一曲崇高的维吾尔医赞歌。

50多年来，巴黑·玉素甫默默耕耘在维吾尔医学这块古老而又神奇的土地上，奉献了自己的青春，洒下了辛勤的汗水。每周他不但要坐诊，还要参加各种学术团体的活动。他是新疆维吾尔自治区新药评审委员会委员、新疆维吾尔自治区优秀专家医疗卫生组委员、新疆维吾尔自治区中医民族区高级专业技术职务评审委员、新疆维吾尔自治区卫生厅优秀专家评审委员会委员、国际维吾尔医学术会议组织委员会委员等。

现在77岁的巴黑·玉素甫担任着新疆维吾尔自治区民族医学会常务理事，他曾荣获全国卫生系统先进工作者，自治区有突出贡献优秀专家、自治区优秀医学家、全国卫生系统先进工作者。长期从事维吾尔医防病、治病工作，在维吾尔医临床诊治，维吾尔医药研制开发，传统医学理论等领域，都有独到见解和卓越贡献。

作为新疆维吾尔医医院返聘专家，每周一全天、周三、周四两个半天，巴黑·玉素甫都要坐门诊，都要耐心地为患者诊病，医院为了让老专家多休息，规定巴黑·玉素甫每天的门诊量为 20 人，可巴黑·玉素甫却总是自作主张，增加到 25 人，有时看到长长的候诊队伍，他增加的就更多。

巴黑·玉素甫说：“他们都是专程来找我的，有的患者可能坐了两天的火车才赶到这里，如果看不上病，肯定会很着急，我多看几位患者，休息一会儿就没事了。”

巴黑·玉素甫慈眉善目，即使退休了，也把自己的工作日程安排得满满的，节假日也不休息。新疆人民广播电台维吾尔语播音台邀请他做嘉宾，给听众介绍维吾尔医药学知识。新疆电视台维吾尔语频道邀请他做嘉宾，请他讲解心血管疾病的预防保健知识。巴黑·玉素甫还时常回到他曾经生活巡诊过的和田、喀什地区，到县级医院授课，他常说：“在有生之年，要尽一切可能为维吾尔医学的传承多做一些事。”

巴黑·玉素甫也常说：“维吾尔医历史悠

久，作为中华传统医学中的一个重要组成部分，一代代维吾尔医将精华传承下来，到了我身上，我更有责任有义务把这一学科发扬光大。”

随着医学造诣的精进，巴黑·玉素甫更大的心愿是把自己满腹的维吾尔医学经验传播下去，普及开来，把自己的医学知识，编写成书籍。为了后继有人，他收了两名“关门弟子”。为弘扬维吾尔医学，他全力以赴，把全部的知识，一点一滴地向弟子传授。

巴黑·玉素甫有七个孩子，两个儿子跟随他进了医学的大门，大儿子吾买尔·巴黑成为了巴黑·玉素甫的关门弟子。

1985 年，吾买尔·巴黑到了考大学的年龄，当时没有维吾尔医学校，吾买尔·巴黑在父亲的支持下考取了新疆医科大学临床医学系。1991 年毕业后，被分配到新疆肺科医院工作。受父亲的影响，吾买尔·巴黑一直怀着学习维吾尔医的梦想，2002 年经新疆维吾尔自治区卫生厅同意，人事部、卫生部和国家中医药管理局审核，吾买尔·巴黑被确定为第三批全国老中医药专家学术经验继承人。

巴黑·玉素甫像自己的父亲一样，手把手地教授儿子吾买尔·巴黑和迪里夏提等一些年轻的医生。经巴黑·玉素甫三年多的师带徒教育培训，年轻医生基本掌握了维吾尔医学诊断疾病的临床知识和技能。到目前，巴黑·玉素甫已经培养了阿里甫、迪里夏提等20多名维吾尔医学继承人，这些年轻医生现在都成了医院的业务骨干。

巴黑·玉素甫经常说，一名医生只有具备高度负责的精神，才能为患者的健康服务，才能对得起自己神圣的职业。巴黑·玉素甫治学严谨，在维吾尔医医院是出了名的。一次，儿子吾买尔·巴黑为患者开药，在告知患者用药方法时，把汤剂说成了粉剂。巴黑·玉素甫严肃地指出：尽管有时这种药物的两种使用方法可以互换，但是首要的是我们要有一丝不苟的工作态度，确保患者安全有效地用药。

在工作实践中，巴黑·玉素甫一直用他高尚的医德、独特的学术思想，以及专业的医学技艺，影响和带动年轻的医生。巴黑·玉素甫说，维吾尔医学作为我国传统医学家族中的一员，一定要博采众长，不能唯我独尊，要善于借鉴西医学，汲取中医学及其他民族医学的精华，融会贯通，才能不断创新。

尽管巴黑·玉素甫已经成为名老维吾尔医，但他一直谦虚谨慎，他与儿子吾买尔·巴黑共同探讨，在维吾尔医与西医结合治疗肺结核，尤其是难治性、耐药性肺结核，慢性阻塞性肺疾病，支气管哮喘等疾病的治疗方面，取得了很大的突破。

2007年，经国家中医药管理局会同人事部、卫生部组织专家对吾买尔·巴黑及另一名年轻的医生结业考核结果进行验收，审定他们为继承人出师验收合格。

巴黑·玉素甫说："在维吾尔医 2500 年的历史中，我赶上了好时代。在国家的培养下，我有机会站在前人的肩膀上，看得更远一点，即使我作出了点滴的成就，那也只是我对国家和人民对我培养的报答。"

（撰稿人　辛　萍　艾赛提·阿西木）

《中华中医昆仑》丛书 150 位医家名录

（按生年排序）

张锡纯	丁甘仁	萧龙友	王朴诚	恽铁樵
曹炳章	冉雪峰	谢　观	施今墨	汪逢春
孔伯华	黄竹斋	吴佩衡	蒲辅周	陈邦贤
李翰卿	李斯炽	姚国美	陆渊雷	张泽生
时逸人	张梦侬	叶橘泉	王聘贤	陈慎吾
邹云翔	赵炳南	承淡安	余无言	刘惠民
岳美中	沈仲圭	秦伯未	赵锡武	韦文贵
程门雪	黄文东	赵心波	董廷瑶	吴考槃
章次公	石筱山	陆南山	张赞臣	李聪甫
刘绍武	陈存仁	朱仁康	陆瘦燕	姜春华
韩百灵	高仲山	李克绍	王鹏飞	刘春圃
金寿山	哈荔田	何世英	周凤梧	干祖望
关幼波	王为兰	任应秋	罗元恺	祝谌予
杨医亚	郭士魁	何时希	耿鉴庭	俞慎初

裘沛然	顾伯华	江育仁	邓铁涛	门纯德
刘渡舟	尚天裕	朱良春	李玉奇	程士德
尚志钧	赵绍琴	董建华	米伯让	李辅仁
张珍玉	班秀文	颜正华	于己百	颜德馨
路志正	方药中	王乐匋	黄星垣	谢海洲
余桂清	何　任	王子瑜	程莘农	陈彤云
焦树德	张作舟	张　琪	李寿山	张镜人
王绵之	方和谦	印会河	王玉川	蔡小荪
李振华	马继兴	王嘉麟	宋祚民	刘弼臣
王雪苔	刘志明	吴咸中	李今庸	任继学
裴学义	王宝恩	周霭祥	贺普仁	唐由之
赵冠英	许润三	金世元	陆广莘	刘柏龄
徐景藩	吉良晨	吴定寰	沈自尹	王孝涛
张灿玾	周仲瑛	强巴赤列	张代钊	李经纬
郭维淮	柴松岩	苏荣扎布	陈可冀	李济仁
夏桂成	郭子光	巴黑·玉素甫	张学文	陈介甫